DMITRI SHOSTAKOVICH

24 PRELUDES AND FUGUES

for Piano

Opus 87

Volume I

Nos. 1–12

ALLE RECHTE VORBEHALTEN · ALL RIGHTS RESERVED

EDITION PETERS
LEIPZIG · LONDON · NEW YORK

INHALT

24 Präludien und Fugen

Präludium I

D. Schostakowitsch (1906–1976)
Opus 87 I (1951)

2

attacca

Fuge I

Präludium II

Allegro (♩=92)

Fuge II

Zu 3 Stimmen
Allegretto (♩= 116)

9

Präludium III

Fuge III

Zu 3 Stimmen
Allegro molto (♩.=126)

14

Präludium IV

Fuge IV

Präludium V

Fuge V

Zu 3 Stimmen
Allegretto (♩= 188)

Präludium VI

Fuge VI

Präludium VII

Allegro poco moderato (♩.= 76)

Fuge VII

Präludium VIII

Fuge VIII

Präludium IX

Fuge IX

Präludium X

Fuge X

Präludium XI

Fuge XI

Präludium XII

Fuge XII

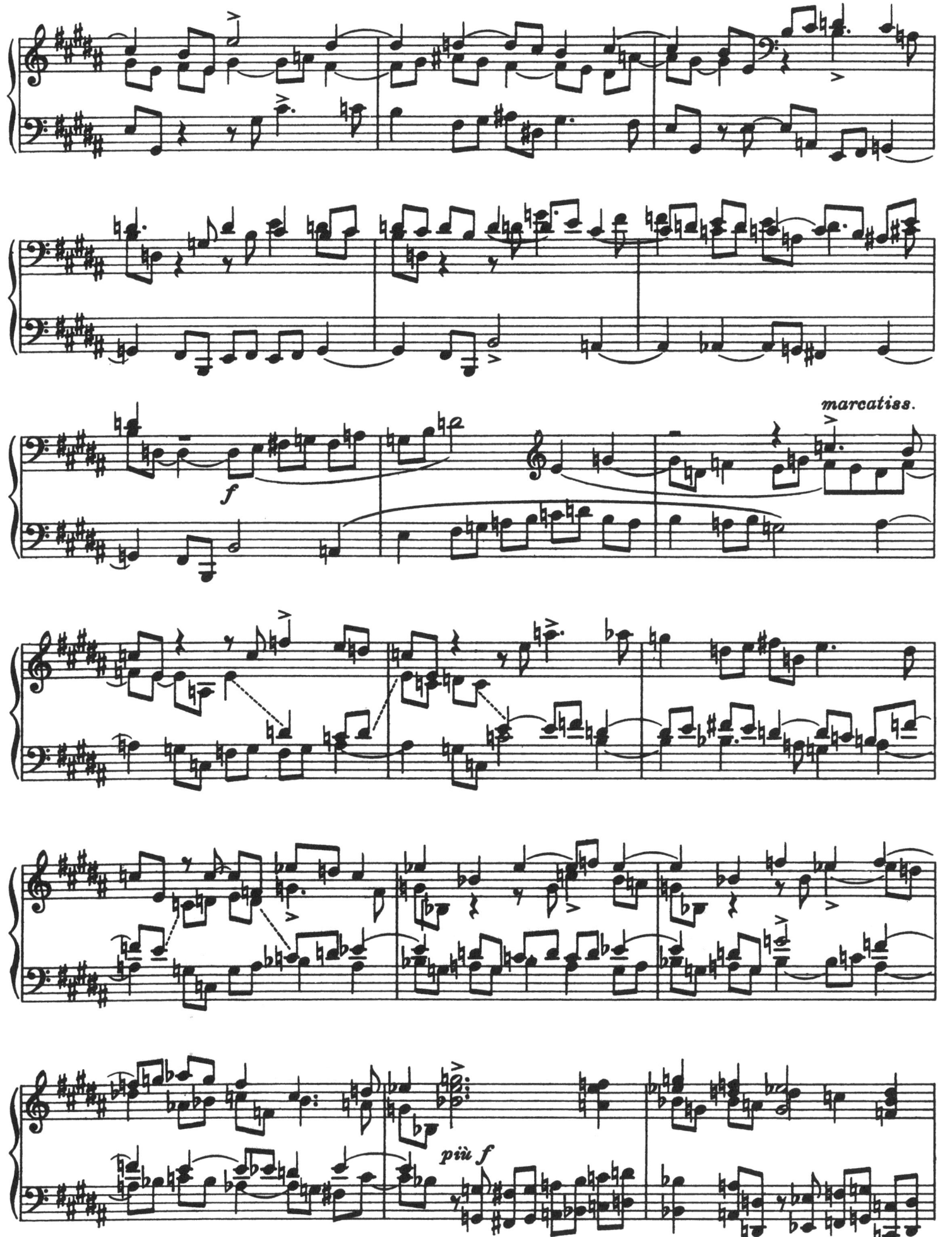